L'ART POUR LE PEUPLE

A DÉFAUT DE L'ART PAR LE PEUPLE

PAR JEAN LAHOR

LIBRAIRIE LAROUSSE — PARIS

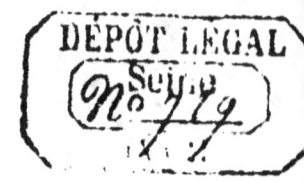

A Jean REVEL

AU GÉNÉREUX PENSEUR DU « TESTAMENT D'UN
MODERNE », DES « DIALOGUES DES VIVANTS », DE
« MULTIPLE VIE » ET DE « CHEZ NOS ANCÊTRES ».

JEAN LAHOR

L'ART
POUR LE PEUPLE

A DÉFAUT DE L'ART PAR LE PEUPLE

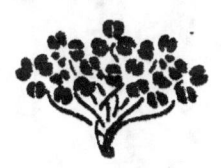

PARIS. — LIBRAIRIE LAROUSSE

17, rue Montparnasse. — SUCCURSALE : rue des Écoles, 58

Composition de Henri Rivière.

L'ART POUR LE PEUPLE
à défaut de l'art par le peuple

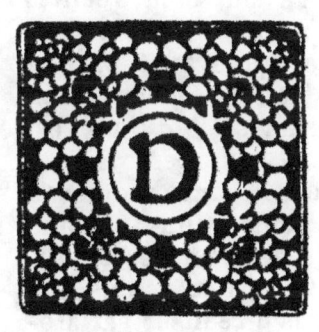

EPUIS 1789 bien des choses ont dis-
paru, que nous croyons nécessaires et
que nous tentons de restaurer aujour-
d'hui. Les corporations, dont la Révolution ne voulait plus, renaissent dans
les syndicats ouvriers. La province,
qui fut sacrifiée à Paris par des Jaco-
bins centralisateurs, autant que le fut
jamais Louis XIV, commence à se révolter contre Paris, ou du moins
contre une centralisation abusive et
funeste, que les chemins de fer ont aggravée encore. Avant la
Révolution, l'on trouvait dans nos provinces, comme partout en
Europe, avec des poésies, des musiques, des danses, des costumes populaires, un art décoratif populaire, qui quelquefois
fut charmant, et quelquefois délicieux : presque tout cela est
mort à la Révolution. Depuis l'avènement de la démocratie,
depuis l'affranchissement du peuple, il n'est donc plus d'art par
le peuple, ni pour lui : et je dis à regret qu'il paraît aisément
s'en passer.

On n'ignore pas que le xix° siècle, qui par tant de côtés fut si grand, s'est montré vraiment pitoyable en son architecture et en son mobilier. Pendant toute cette période, ou à peu près, ce fut dans la décoration un mauvais goût presque barbare, qui régna en haut comme en bas. Une réaction contre cette paralysie ou ces aberrations du sens artistique décoratif s'est manifestée depuis quelque temps. Des progrès s'accomplissent, qui sans doute sont mêlés d'égarements, d'erreurs, de départs fous en des directions fausses, progrès très certains cependant, je les reconnais, je les vois, mais en haut seulement; en bas, c'est toujours même chose ou c'est pire.

Rien de plus navrant que l'aspect de nos logis et logements d'ouvriers ou d'employés pauvres, que la vue de ce mobilier, de tous ces objets qui leur sont vendus dans les bazars de nos villes ou dans les foires de nos villages. Tout est laid, tout écœure en cette camelote fabriquée et écoulée en grand, au bénéfice de quelques-uns, au détriment de tous, de l'acheteur, comme de la petite industrie et du petit commerce.

En un mot, l'art, en ses manifestations les plus modestes, n'existe plus pour le peuple. qui vit, végète, croupit en dehors de lui, et j'ajouterai qu'il ne connaît plus même ce que ces mots veulent dire : art, goût, beauté, idéal; de tout cela, réalités ou vanités, il n'a guère souci, et nul de ses *leaders* ne l'est venu rappeler encore à cette dignité conférée après tout par la distinction qu'un esprit, ne disons pas bien né, disons bien doué, doit savoir établir entre ce qui est beau et ce qui ne l'est pas, entre ce qui est élégant ou charmant et ce qui est vil.

Mais l'art, mais le beau, mais le charme de l'élégance et du beau sont cependant nécessaires à tous, et une démocratie a-t-elle une autre raison d'être que la reconnaissance de ces nécessité supérieures, que dès lors il lui faut satisfaire, non moins que d'autres ? Toute démocratie qui ne tend pas à réaliser l'aristo-cratie pour tous, c'est-à-dire à distribuer à tous, dans la limite du possible, et même si l'on veut de l'impossible, les forces, les vertus, les joies, ou les jouissances (je parle ici des plus hautes), que jalousement autrefois se réservaient seuls quelques-uns, n'a pas mérité sa victoire.

L'art est pourtant, ainsi que la lumière et l'air et le pain quotidien, ou que la science ou la justice, aussi indispensable au peuple qu'il l'est à nous; et dans notre intérêt même, dans l'intérêt de ce que je pourrais appeler l'hygiène esthétique, nous ne devons pas laisser le peuple en ces abominables laideurs, où il semble se complaire, loin de s'en révolter, laideurs, puanteurs créant, entretenant à l'entour de lui une atmosphère malsaine, une sorte de foyer d'infection pour le goût et pour l'art.

A propos de maisons d'ouvriers, quelques-unes charmantes, dont une démocratie, s'intéressant vraiment et passionnément aux besoins les plus nécessaires et les plus urgents de la classe ouvrière, aurait dû faire l'un des attraits, l'un des *clous* de l'Exposition de 1900, au lieu de les exiler en des solitudes (mais notre démocratie, en cela bien latine, aime surtout la musique, l'eurythmie des mots, les phrases et leurs diseurs, plus que les actes simples, efficaces et pratiques), je disais dans une étude sur *L'Art nouveau* (1) :

Il est temps et nous voulons que l'art soit distribué à tous, comme la lumière et l'air, qu'il pénètre tout, soit en tout et partout, qu'il entre dans la maison de l'ouvrier, comme il est

Saint Georges et le Dragon.
Chromolithographie murale de M. Heywood Sumner.

dans la nôtre, et aussi dans l'école, dans l'hôpital et la caserne mêmes, et aussi dans les gares, partout enfin où le peuple vient et s'assemble.

―――――――――

(1) J. LAHOR, *L'Art nouveau : Son histoire, l'art nouveau à l'Exposition, l'art nouveau au point de vue social* (Paris, Lemerre, 1901, in-16).

L'art partout, en tout et pour tous, voilà l'une des ambitions de l'art nouveau, qui se révèle très démocratique en ce sens.

Et la nécessité de ce nouvel art décoratif se fait pour nous d'autant plus impérieuse et pressante qu'au sortir de temps aristocratiques, glorieux de faste et de richesses, nous sommes entrés dans la démocratie, c'est-à-dire dans le règne non plus d'une élite, mais de la foule, et ainsi de la moyenne et ainsi de la médiocrité — c'est le même mot — dans le règne d'une foule ou d'une moyenne, trop disposée à se contenter du médiocre, quand ce n'est pas du trivial ou du vil.

Oui, nous avons l'intérêt le plus grave et le plus urgent à voir ce mouvement d'art nouveau, qui devient général en Europe et en Amérique, parvenir jusqu'au peuple, jusqu'à cette immense foule populaire, en ce moment sans doute indifférente à lui, mais dont peut-être il renouvellera et illuminera un jour l'existence trop souvent encore sans clartés. Nous y avons, nous les fidèles, les servants de l'art, l'intérêt qu'eut à baptiser et éclairer les barbares, submergeant le monde antique, l'Église, gardienne alors de la civilisation, de la culture supérieure gréco-latine. On sent en effet que depuis un siècle une certaine barbarie aussi est venue menacer ce goût, cette culture artistiques, charme et honneur d'un récent passé. Il n'est pas douteux que l'avènement de la démocratie, de cette foule aujourd'hui sans éducation, inconsciente comme insouciante de tout idéal, ne soit pour l'art un grand péril.

N'a-t-on pas en certains pays très démocratisés l'impression attristée que l'art (et je parle surtout ici de l'art décoratif et de l'architecture, qui révèlent, qui décèlent le mieux le goût artistique d'un peuple), que l'art chez eux a subi depuis un siècle l'influence d'un milieu nouveau, comme un peu barbare. L'habitude fait que nous nous rendons mal compte de tout ce qu'aujourd'hui dans la rue, comme ailleurs, nous tolérons de laideurs, d'abominations parfois. Faisons donc, il en est temps, l'éducation de cette majorité qui est le peuple, pour qu'elle ne fasse pas ou ne défasse pas la nôtre; car darwinien toujours, je répète avec Darwin que le nombre, dont on veut aujourd'hui faire le maître, le législateur, le juge sans appel, le nombre, c'est la médiocrité, quand ce n'est pire encore.

Ainsi, au temps de l'*inconscient*, il y avait une musique, une chanson populaires, qui émeuvent toujours certains d'entre nous jusqu'aux larmes, il y avait des danses, des costumes, et une architecture, et une céramique populaires, il y avait tout un art décoratif populaire, auquel très heureusement aujourd'hui bien des artistes reviennent, lui demandant des inspirations, des modèles. Rien de cela n'est plus. Le peuple, entré dans l'âge adulte, a perdu avec son inconscience et son ignorance primitives certaines de ses qualités hautes, et d'abord, il semble, ses facultés, ses dons de création artistique. Il y a là un fait d'histoire — il date de 89 — il y a là une fatalité que je constate : je ne blâme, je ne condamne rien. Mais le peuple ainsi n'ayant plus à notre époque d'art à lui, ni même, avouons-le, aucun souci d'art, et ne pouvant, je le crains, se récréer par lui-même, à lui seul cet art qui lui convienne, un art simple et sain, et vraiment populaire, c'est à nous de le lui récréer et lui rendre.

« L'indifférence du XIXᵉ siècle pour tout ce qui ne fut pas l'utile, l'utile sans rien de plus, le peu de besoin qu'il eut de la décoration, ce goût détestable dont il fit preuve en celle qu'il adopta, cela est vraiment singulier et se comprend à peine au lendemain d'époques où l'on parait, ornait, embellissait toute chose, où de toute chose sans recherche, sans effort, l'on faisait une œuvre élégante ou charmante, une œuvre d'art en un mot.

« Soudain, — et fut-ce la conséquence de certaines victoires sociales ? je ne sais — mais, ce fut fini pendant près de cent ans de tous nos arts décoratifs, cependant qu'éclatait, même aux yeux des plus indulgents, une décadence navrante de notre architecture.

Donc nous voulons aussi et nous voulons d'abord *l'art pour le peuple*, puisqu'un réel abaissement de presque tous les arts les plus liés à la vie domestique, à la vie de chaque jour, date de ce grand fait moderne, l'avènement, le règne de la démocratie. W. Morris a dit avant nous : *l'art doit être fait pour le peuple;* et il ajoutait : *par le peuple;* je crois l'art *par le peuple* impossible aujourd'hui.

Encore une fois nous irons donc en premier lieu vers lui, et nous prendrons souci de sa maison, de son logement, comme de tout édifice, de toute habitation qui lui sont destinés : écoles, bibliothèques, instituts populaires, hôpitaux (1).

L'hygiène déjà, une branche encore de l'esthétique — car la santé, car la propreté sont nécessairement des conditions de la beauté — l'hygiène déjà cherche à donner à son habitation ce qui lui manqua trop longtemps, l'air pur, le soleil qui tue les germes pathogènes, la lumière, non moins nécessaire à la pensée ou à l'âme qu'elle l'est au corps (2). Mais je demande plus, je voudrais partout en ses intérieurs, avec la salubrité, le confort, un peu d'élégance et de beauté, même un peu de ce charme qui y retient, comme parfois dans les nôtres. Est-ce impossible, et ne peut-on trouver une formule décorative qui s'applique à toute habitation, à celle de l'artisan comme aux autres ? On le peut, et c'est ce que tentent en ce moment quelques artistes de France et de l'étranger.

Je ne connaissais pas, écrivais-je encore, quand je commençai cette étude, l'œuvre étonnante accomplie à Lyon par M. Mangini (3), et qui répond si bien à certaines de mes préoccupations. M. Mangini a su

---

(1) Tout en prenant, bien entendu, également souci de ce qui est destiné au reste de la nation. Nous parlons de l'absence du goût chez le peuple ; mais plus haut, mais ailleurs ne fait-il pas aussi trop souvent défaut ? nous sentons que toute l'éducation artistique du pays est à refaire, et il semble qu'elle se refait un peu en ce moment. Qui sait si la simplicité, nécessaire à cet art populaire que nous voulons fonder, ne sera pas d'un salubre exemple, et si l'art nouveau, parfois trop compliqué, trop bizarre, trop fou, n'en recevra pas de sains et précieux enseignements ?

(2) Je n'ai pas à dire qu'avant d'apporter la moindre amélioration esthétique dans le logement de l'ouvrier ou dans la maison ouvrière, il faut tout d'abord que ce logement, cette maison soient sains et soient propres. On a peine à comprendre que, dans une démocratie, il y ait encore tant de logements, tant de maisons fétides et insalubres, et malgré tous les règlements, malgré toutes «les lois existantes», — mais celles-ci que l'on n'applique pas.

(3) Un peu, je crois, sous l'inspiration d'un homme admirable aussi, M. G. Picot.

résoudre ces deux problèmes qui, dans une grande ville, semblaient insolubles, de l'alimentation saine et du logement sain à bon marché. On est émerveillé, quand on voit en plein centre lyonnais un appartement de trois pièces qui ne coûte pas un franc par jour ; et ces appartements sont propres, sont bien éclairés et aérés, ont l'eau à volonté, et chacun d'eux, une certaine retraite qui, fétide ailleurs, est ici, grâce au système du siphon, sans odeur aucune. J'avais cru que M. Mangini était un magnifique — il l'est, du reste, selon la véritable étymologie du mot — et qu'il abandonnait par bienfaisance à ses locataires une partie du prix de la location. Il ne le fait pas, et ses maisons ouvrières au nombre de 120 aujourd'hui, sont plutôt d'un assez bon rapport pour les actionnaires de la Société qui les a construites. Même miracle accompli en ses restaurants populaires, dont la cuisine et la propreté sont parfaites.

Or il faudrait peu de chose pour apporter, selon mes idées, un commencement de décoration en ces logements ou en ces restaurants mêmes, et ajouter ainsi une clarté, qui certes n'est pas inutile, puisqu'elle égaye, à ce qui est le nécessaire d'abord. Voici ce que je proposerais à M. Mangini ; je lui rappellerais que W. Morris, — qui aurait lui aussi, j'en suis certain, comme chef du parti socialiste en Angleterre, admiré son œuvre, — a commencé sa grande réforme artistique par la transfortion des papiers peints. La décoration murale est la dominante en celle de tout intérieur. Les papiers peints de ces logements d'ouvriers sont, comme ailleurs, trop souvent médiocres et plutôt laids. Ne pourrait-on, pour le même prix, les faire, par le charme du dessin et de la coloration, quelque peu semblables à ces délicieuses tentures murales, dues à la nouvelle école décorative? Quant à ces restaurants, j'aimerais à les voir simplement ornés de quelques-unes des admirables estampes de Rivière, qui seraient comme des fenêtres ouvertes, en ces murs nus, sur quelques-uns de nos beaux et doux paysages de France. Et je n'admettrais par principe, en cette sorte d'imagerie populaire, que le paysage, pour éviter des dangers que l'on devine, l'abus des figurations féminines, ou celui de l'estampe et de l'affiche à tendance ou à prédication politique. Et ne pourrait-on enfin, pour compléter cette œuvre, créer des *magasins d'art populaire*, où, sans souci d'abord des bénéfices, quelques artistes et industriels de cœur, d'intelligence et de goût, coopéreraient à la formation d'un art populaire nouveau, qui serait comme ces restaurants et ces maisons, sain d'abord et à bon marché, et non plus sordide et vil et de camelote, tel que celui fourni partout aux ouvriers et aux petits ménages d'aujourd'hui. On reviendrait pour le créer, comme l'ont fait si heureusement des artistes d'Angleterre ou des pays du Nord, aux formes de l'art rustique de jadis ; et l'on reconnaîtrait bientôt que ce qui est d'un style très simple et excellent, n'est guère plus coûteux et parfois ne l'est pas autant que ce qui est très laid et détestable. Pourquoi, par exemple, un papier peint dont le dessin est affreux coûterait-il moins qu'un papier dont le dessin est délicat et la coloration plaisante ?

Donc relevons, s'il est possible, la valeur artistique de tous les objets destinés au peuple et que crée la fabrique, de tous ces modèles navrants et vils pour la plupart, puisque la fabrique seule aujourd'hui fournit au peuple ces objets domestiques, autrefois et avec tant de charme ou de beauté souvent, ouvrés, travaillés, décorés par lui.

Enfin que partout où il entre, il trouve une décoration sobre et juste,

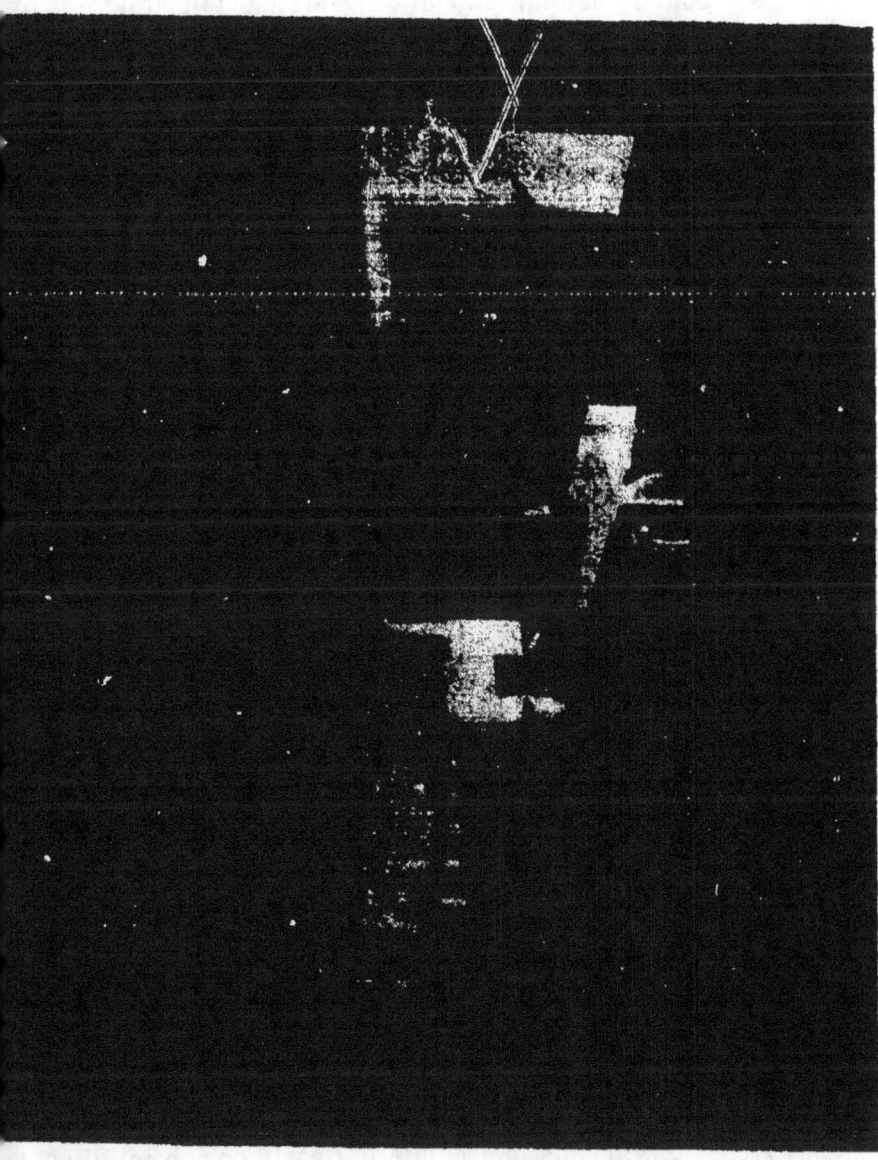

Projet de décoration d'une maison d'artisan, par Serrurier-Bovy.

(Exposition de la Libre-Esthétique.)

qui fasse peu à peu, lentement mais sûrement, l'éducation de ses yeux et de son esprit. Et j'ai fait comprendre que cela nous importait tout autant qu'à lui.

Donnons ainsi, rendons l'art au peuple. Distribuons-lui le plus large
ment possible l'*assistance artistique*, l'enseignement et l'éducation artis
tiques, comme on les répartit si bien et si fructueusement déjà dans le
pays du nord.....

L'art pour le peuple, à défaut de l'art par le peuple, est un
idée en effet qui attire et rapproche aujourd'hui beaucoup d'es
prits en Europe. C'est que partout on commence à comprendr
ce que je viens d'exposer ou de rappeler. On a chez lui excit
volontiers tous les appétits, quitte à ne les pas nourrir autan
qu'on l'a promis. On a éveillé chez lui des besoins, excessif
peut-être, car on commence à s'apercevoir qu'il faut oppose
cependant quelques limites aux appétits, aux besoins, au
faims et aux soifs sans limites, et je ne dis pas chez le peupl
seulement, chez tous. Or je vois à regret que les appétits, le
besoins, exaltés chez lui et chez tous, sont toujours des plu
matériels, et que l'on ne songe guère qu'à ceux-là, les plus gé
néraux sans doute, et les plus urgents, mais aussi les seuls qu
parfois il faille limiter, tandis que les autres, les appétits, le
besoins, les faims et soifs d'idéal sont légitimement san
limites; oui, je vois à regret que jamais ou presque jamais o
ne lui parle de revendications, certainement non moins né
cessaires, dans le sens que nous indiquons ici.

Ce fut l'honneur de Ruskin, et après lui de W. Morris, d
s'être préoccupés de ces questions en Angleterre. Mais Ruskin
dans l'intérêt de l'art et du peuple, s'attaquait opiniâtrément
la machine : or en cela il avait tort et raison; raison, et l'o
devine pourquoi, la machine, la fabrique étant trop souvent e
effet malsaines, funestes ou mortelles au peuple et à l'art;
avait tort, parce que l'on ne peut cependant opposer une résis
tance absolue, sans transactions, aux nécessités d'une époque
Il ressemblait ainsi à ces fous héroïques, défenseurs de leu
province et du passé, qui, dans un conte d'Erckmann-Chatrian
dressés au milieu des rails, leurs piques en main affermies su
le sol, attendaient et voulaient empêcher de passer le premie
train d'un chemin de fer.

Dans la réforme projetée par nous, nous tiendrions au con
raire à nous accommoder de la fabrique, à la savoir employer,
nous servir d'elle pour lui apprendre à nous servir. Et comm
Ruskin cependant, nous encouragerions d'abord et toujours le
travaux manuels, les travaux que l'ouvrier, l'artisan peut exé
cuter chez lui, parfois dans toute la liberté de son intelligence
de sa fantaisie artistique. Donc, nous ne condamnerions pa
l'usine, comme l'a condamnée Ruskin, en lui refusant toutes le

Le quai d'Austerlitz ; estampe de Henri Rivière.

circonstances atténuantes. Mais, par le choix, par la haute qualité
des modèles que nous lui imposerions, nous essaierions de puri-
fier et de relever son travail ; nous exigerions qu'il fût moins laid,
moins vil, qu'il fût charmant ou beau parfois, et toujours plus
sain et plus probe. En réalité, nous ne pouvons résister à l'usine
que par l'usine même, elle seule nous permettant d'obtenir
dans la production le bon marché, qui est la condition première
du succès de notre entreprise. De tout et de partout il faut
savoir extraire le bien ; or une habile alchimie avec quelque
science et patience le peut faire. Tout vouloir, tout savoir
transmuter en quelque chose de supérieur, en quelque chose
qui soit bon ou meilleur, qui soit beau ou plus beau, c'est
la science et c'est l'art suprêmes, et cela seul, il semble, donne
un peu de prix et d'intérêt à la vie.

Que faire ? Nous l'avons dit ou indiqué. Il faut éveiller ou réveiller, il faut faire renaître le goût artistique dans la classe
populaire ; et pour cela il faut la soustraire tout d'abord à la
nocive influence de ces industriels et marchands qui obstinément et si profondément le corrompent ; il faut offrir au
peuple ce que de lui-même il savait créer autrefois et qu'il ne
saurait recréer aujourd'hui, un mobilier simple et commode et
charmant, au prix, bien entendu, auquel il achète les salaude-
ries que l'on sait. En France et ailleurs il est question en ce mo-

ment d'ouvrir des *magasins d'art populaire*. Il va s'en ouvrir à
Paris; il va s'en ouvrir à Genève; depuis longtemps je les ai
demandés. Je crains cependant qu'ils ne s'ouvrent peut-être
un peu tôt, incomplètement et mal fournis pour la lutte. Il
faudrait opérer d'abord un choix très sévère des modèles anciens
ou nouveaux, que l'on reproduirait ou que l'on produirait; il
faudrait, parmi les formes simples et les plus heureuses d'autrefois, préparer cette sélection. Que de collections privées, et
provinciales ou nationales, il importerait donc en premier lieu
de visiter et d'étudier! C'est un peu en vue de cet art populaire à
recréer, que je proposais la formation en chaque capitale de nos
anciennes provinces d'un musée provincial (1), comme celui
d'Arles, dû à l'initiative de Mistral, et celui de Quimper, musées
qui recueilleraient les meubles, les poteries, les ferronneries, les
bijoux, les costumes, tout ce qui reste, tout ce qu'on peut réunir
encore de la vie du passé, provincial ou rustique. Certains pays
plus que le nôtre ont déjà des musées d'art national ou populaire.
J'ai vu et admiré à Copenhague un de ces musées, mais en quel
local! au deuxième étage d'une maison commune, et que l'in-
cendie menace. Les musées de Zurich, de Bâle, de Berne, celui
de Prague, celui de Munich sont des musées nationaux merveilleux, et où des sociétés d'art, telles que celle rêvée par nous,
trouveraient bien des idées ou indications, bien des suggestions, des modèles (2).

Les formes choisies par un jury, à défaut d'un maître, d'un
chef dictatorial doué d'un goût rare, il les faudrait faire repro-
duire ou par la machine, ou par des artisans consciencieux et
probes, et assez simples de cœur pour ne pas dans l'exécution
trop retoucher, enjoliver le dessin qui leur serait confié (cela encore est assez peu commun). Il reste quelques pays, quelques
provinces reculés — il en reste bien peu! — où l'art populaire
n'est pas mort. Il faudrait faire appel, et partout, aux survivants
de ces artistes ou artisans populaires. Il faudrait, dans certaines
de nos provinces d'abord, chercher à restaurer l'art rustique de
la sculpture sur bois, l'art du meuble, chercher à ranimer tous
les arts locaux d'autrefois, pour peu que la flamme n'en soit
pas éteinte et se réveille. Il faudrait donc aussi s'adresser à ceux

---

(1) *Un Musée à créer : Le musée de la Savoie*. Article paru dans *L'Avenir
d'Aix-les-Bains*, le 7 août 190?.

(2) Je regrette à ce sujet que notre Musée ethnographique du Trocadéro soit,
en ce qui regarde la France, trop incomplet, d'aspect si pauvre, et comme
étouffé au berceau, et aussi, par la faute des architectes, tout obscur. Ce musée,
dont beaucoup de pièces sont intéressantes, n'est pas digne de la France.

qui maintiennent ou qui reprennent la tradition de cet art populaire et rustique en quelques pays étrangers.

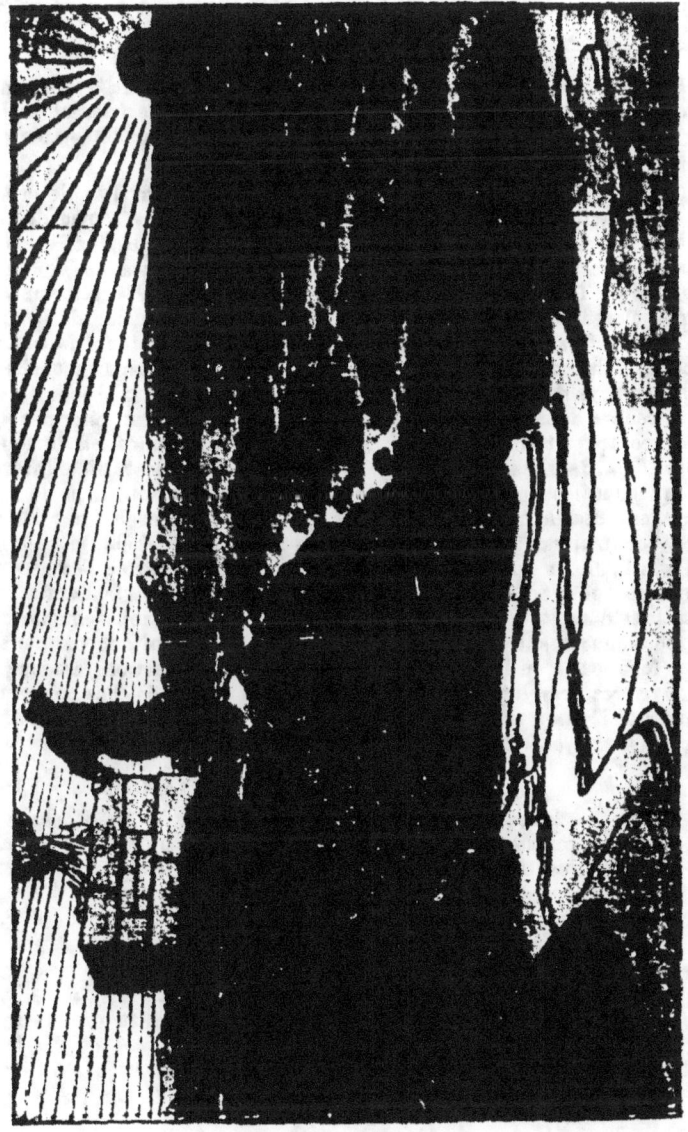

Abraham ; chromolithographie murale de M. Heywood Sumner.

Donc refaire l'éducation du goût artistique chez le peuple, en travaillant, bien entendu, à refaire également cette éducation dans le pays tout entier (1), offrir aux fabricants des modèles très purs, pour remplacer, chasser cette camelote qui partout règne et s'étale : voilà déjà ce que nous voudrions tenter.

Je regrette que notre démocratie, en ces essais de réformes essentiellement démocratiques, ait été, comme toujours (2), pré-

---

(1) Parcourant les catalogues d'étrennes envoyés par de grands magasins, je constate qu'ils sont désolants, et je vois que le goût des classes dirigeantes, qui du reste ne dirigent rien, est souvent lui-même aussi détestable que celui du peuple.

(2) Oui, comme toujours et pour tout. C'est en copiant l'Angleterre, l'Allemagne, la Russie même, que nous avons commencé, il y a peu de temps, la réforme, si incomplète du reste, de nos hôpitaux. C'est en copiant certains pays aristocratiques, l'Angleterre encore, par exemple, que nous avons commencé sur nos chemins de fer, si durs longtemps aux pauvres gens, la réforme aussi des troisièmes classes qui, en quelques-uns de ces pays, ont même droit aux trains rapides. A Londres, la plupart des parcours dans les omnibus ne coûtent plus qu'un penny; ils coûtent en France 30 centimes. Nos bateaux-mouches sur la Seine, en un pays démocratique, ont soin de doubler leur prix le jour où l'ouvrier les peut prendre avec sa famille, le dimanche. Beaucoup des réformes qui sont l'objet de ce travail sont étudiées depuis un certain temps, et quelques-unes appliquées déjà, dans les pays du nord. Les musées d'art décoratif, si intéressants, si précieux pour les ouvriers d'art appliqué, existent partout dans le nord : on sait les aventures, les histoires du nôtre. Le capital représenté par les maisons ouvrières construites à Londres est d'environ 180 millions; il est, je crois, de 3 millions à Paris. Je lis aujourd'hui dans le discours du trône de l'empereur Guillaume que son gouvernement va présenter un projet de loi « tendant à améliorer les conditions d'habitation des ouvriers occupés dans les établissements de l'État et des fonctionnaires ayant un petit traitement ». La loi sur les pensions de vieillesse fonctionne en Belgique depuis 1900, et cette question fameuse des retraites ouvrières, résolue aussi en Allemagne, est renvoyée chez nous à de lointaines calendes. Lisez enfin, faites lire et méditez ce tableau comparatif de certains prix à Paris et à Londres, emprunté à *L'Illustration* :

			à Londres.	à Paris.
Un kilogr. de gigot		revient à ...	2 fr. »	3 fr. »
—	romsteack	— ...	2 fr. 50	3 fr. 20
—	roastbeef	— ...	1 fr. 80	2 fr. 60
—	veau	— ...	1 fr. 60	2 fr. 20
—	porc	— ...	1 fr. 60	2 fr. 60
—	beurre	— ...	2 fr. 40	4 fr. »
—	café	— ...	3 fr. 20	8 fr. »
—	cacao	— ...	1 fr. 60	7 fr. 50
—	thé (bonne qualité)	— ...	3 fr. 20	18 fr. »
—	sucre	— ...	» fr. 40	1 fr. 15
Le litre de pétrole		— ...	» fr. 20	» fr 45
Les 100 kilogr. d'anthracite reviennent à ...			3 fr. 90	5 fr. 60

Or l'accroissement continu, régulier de nos impôts ne peut que produire un accroissement encore de tous ces prix pour nous, et pour qui sont-ils le plus lourds? pour l'ouvrier, l'artisan, l'employé, le petit fonctionnaire qui végète en cette impasse, en ce cul-de-sac sans issue, sans air, si recherché pourtant, le fonctionnarisme.

cédée par des pays où la démocratie ne gouverne pas. Je ne rappellerai que l'exemple éclatant, qui nous a été donné à l'Exposition de 1900 par la Russie. Il nous a étonnés et ravis, ce réveil de l'art populaire dû à des artistes rares, à Vasnetzov, surtout à Korovine, architecte et peintre admirable, ayant, comme notre Rivière, le génie du paysage décoratif, et à Golovine, et à des femmes aussi d'un talent délicat et rare. Ces mouvements artistiques nationaux et populaires, je les vois donc se produire et grandir surtout dans les pays du nord. Ils sont à observer de très près, avant qu'à notre tour nous nous mobilisions et enfin nous mettions en marche.

Mais je crois qu'il faudra tout d'abord s'occuper de la maison ouvrière ou du logement de l'ouvrier (1). La maison ouvrière, j'ai dit qu'une formule d'art pouvait être trouvée, et on la cherche, qui permettrait de la décorer, intérieurement même, à très bon marché. Ne sent-on pas qu'une révolution profonde serait accomplie du jour où un ouvrier, un artisan habiterait une maison, une maison à lui ou pouvant être à lui, et qui serait décorée de telle sorte que chacun de nous s'y pourrait plaire, peut-être la lui envierait? Commençons par en couvrir les murs de papiers clairs, dont le dessin serait simple et charmant ai-je dit. Ces papiers peuvent être, on le reconnaîtra, obtenus et vendus aux mêmes prix que les papiers sordides, qui contribuent à avilir, obscurcir, attrister les logements d'ouvriers.

En place des papiers, un badigeon aussi, de douces et claires tonalités, pourrait être encore peu coûteux. Les rideaux des fenêtres, la fabrique les livre à bon marché, et des cretonnes moins salissantes, et dans le goût d'autrefois, pourraient les coquettement remplacer. Une tenture serait-elle désirée? Des applications sur toile, telles que l'art nouveau nous les montrait, en Russie par exemple, pourraient être d'une décoration charmante et d'un prix modique, étant faites d'après de bons modèles par la femme de l'ouvrier ou de l'artisan. Les meubles, il ne serait pas difficile, je l'espère, de les produire plus solides et moins laids que ceux livrés aujourd'hui par les bazars dont j'ai parlé. Faudrait-il quelque parure encore à cette

---

Et j'affirme que c'est un républicain qui parle, mais il n'est plus jeune, encore moins naïf, et, de moins en moins « étatiste », croit qu'au lieu de compter toujours sur l'État, nous ferions mieux de compter d'abord et toujours sur nous-mêmes.

(1) A signaler, comme aspirant déjà à quelque élégance des maisons ouvrières récemment construites à Puteaux par M. Huillard, et qui lui font honneur, et un groupe de ces maisons à Villeneuve-St-Georges, dues à une Société coopérative.

chambre très simple en sa décoration, et déjà cependant très plaisante au regard? Des reproductions par la photographie ou le moulage, reproductions peu coûteuses, pourraient l'illuminer des plus pures merveilles artistiques.

Rappellerai-je que Henri Rivière a créé en son œuvre parfaite une sorte d'imagerie populaire, dont le prix sans doute pourra être quelque peu réduit, pour la rendre accessible à tous? Avec l'œuvre d'autres artistes, et quelques affiches, elle est vraiment par sa simplicité, apparente du moins, par sa sincérité, son émotion, sa beauté rare, un précieux apport à l'œuvre que nous poursuivons de la reconstitution d'un art populaire ou pour le peuple. M. Müntz, M. Roger Marx, d'autres aussi se sont justement préoccupés de cette question de l'imagerie populaire. On me dit que leurs très généreux efforts dans le sens de cette création n'ont pas eu tout le succès qu'ils en espéraient et qu'ils méritaient. Nous aussi éprouverons sans doute bien d'autres échecs en la campagne qui commence, mais nous devrons et saurons, j'y compte, persévérer quand même.

Rien enfin ne serait plus utile pour l'éducation artistique du peuple, qui naturellement sera lente, qu'une presse illustrée à bon marché, vraiment artiste et toujours saine.

En un mot, un intérieur agréable, aimable, où il ferait bon se reposer, demeurer et lire, au lieu que par ennui et dégoût de leur intérieur, l'ouvrier, l'artisan, l'employé ne soient entraînés toujours vers l'assommoir ou le café, pourquoi cet employé, cet artisan, cet ouvrier ne l'auraient-ils pas?

Les Maisons du peuple, et les Instituts ou les Universités populaires, créées par M. Deherme, et aussi les Bourses du travail, nous pourraient être encore d'un aide très efficace en cette œuvre d'éducation, à la fois intellectuelle et morale. L'instruction, l'éducation artistique du peuple fait partie en effet de son instruction, de son éducation générales, dont je n'ai pas à m'occuper ici, dont pour lui de grands progrès sont à attendre; et je les espère et je les attends. Oui, j'attends beaucoup, j'attends tout pour lui, de l'école, des cours de toutes sortes qui lui sont ouverts, des conférences, des bibliothèques, des livres, de la presse enfin, si la presse le veut et se transforme. Il me semble impossible que tant de semences, qui toutes, il est vrai, ne sont pas ou ne seront pas également bonnes, ne germent pas un jour. Mais de l'instruction, de l'éducation générales du peuple encore une fois je n'ai rien à dire, n'ayant à m'occuper ici que de son instruction, de son éducation particulièrement esthétiques. De ce côté sans doute il y a fort à faire, et rien ou presque rien

en ce sens ne me paraît commencé. Il faut reconnaître que
nous n'avons pas là encore remplacé l'Église. Dans ses cathé-
drales, dans ses chapelles d'autrefois il y avait pour lui du moins
une perpétuelle initiation à la beauté, à l'art, à l'idéal artistique,
par toutes les merveilles qu'il y pouvait contempler, merveilles
d'architecture, de sculptur , de peinture, merveilles des ver-
rières, des orfèvreries, s Costumes. Les décorations de nos
mairies, généralement sans génie, ainsi que les architectures de

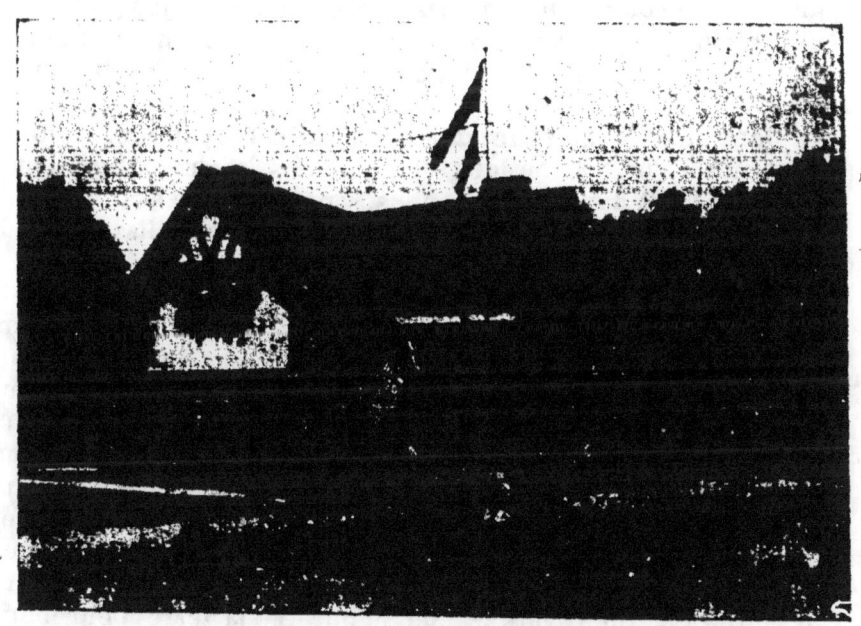

Type de maison ouvrière anglaise
ayant figuré à l'Exposition universelle de Paris (1900).

nos préfectures, de nos marchés ou de nos gares, sont peu faites
jusqu'ici pour relever le goût général du pays, et celui du peuple
d'abord.

Il faut reconnaître encore que depuis son affranchissement
ses plaisirs ont été plutôt très grossiers ; le café-concert, le
music-hall lui fournissent ou à peu près ses seules grandes distractions artistiques, comme du reste à beaucoup d'entre nous.
Devant cela l'on songe mélancoliquement aux *Perses*, au *Promé-
thée* d'Eschyle, aux drames de Sophocle, qui étaient les plaisirs
de la démocratie athénienne ; et si l'on n'était tenu de se refuser
toujours au découragement et au scepticisme trop facile et sté-

rile, ce serait à désespérer de tout affranchissement, de toute liberté laissée ou rendue à la bête humaine. Mais cela n'est pas ou est peu notre affaire, bien que tout se tienne en cette question, l'éducation d'un peuple, la formation de son âme, de sa pensée, de son génie.

Le spectacle de la rue, par exemple, est lui aussi trop souvent méprisable et quelque peu forain. La « Ville-Lumière » dont j'ai le regret de ne pouvoir admirer pleinement que les gloires, les splendeurs du passé, fréquemment offusque le goût et les yeux, et par certains modes d'abord de sa publicité diurne ou nocturne, publicité obstinée, brutale, qui devient torturante.

Dans les mêmes intentions et préoccupations, veillons donc aussi sur l'esthétique de nos villes, et sur ce que l'on a nommé « l'art dans la rue », nous rappelant l'idée si juste de M. de Laborde, « le maintien du goût par l'embellissement de la voie publique ».

Les questions de théâtres (1), d'opéras, de concerts, d'auditions populaires ont été traitées déjà; je n'y reviens pas. Sans doute voilà de quoi remplacer les plaisirs bas dont nous parlions; mais par malheur ces moyens d'instruction et d'éducation artistiques ne sont applicables que dans les villes, et non dans toute une immense étendue de la France, ainsi dans nos campagnes, que de Paris nous oublions vraiment trop. Cherchons donc, faisons effort, tentons de rendre un peu de vie idéale, de vie haute, intellectuelle et morale, à toute cette foule, non seulement des ouvriers, mais aussi des paysans qui, de moins en moins regardant vers le ciel, n'ont que la terre pour horizon, horizon souvent borné et souvent triste.

Oui, l'on a l'habitude en ces questions sociales de ne penser presque toujours qu'à l'ouvrier des villes, presque jamais à l'ouvrier des campagnes. Songez cependant à sa solitude, à son long assoupissement sous le ciel gris d'hiver. Que faire également pour lui ? Comment aussi réveiller en nos campagnes l'intelligence, l'âme de ce paysan, pour qui les cloches du ciel ne tintent plus ? Je dirais volontiers que l'homme peut se passer du pain quotidien, plutôt que d'un idéal, quel qu'il soit. Et quel idéal rendrons-nous à cet ouvrier des campagnes, chez

---

(1) Voir dans la « Revue Universelle » : *Les Spectacles populaires aux pays de France*; par Pierre ROCHE (n° 27 spécial). — Voir aussi dans la « Revue Encyclopédique » : *Le Théâtre du peuple à Bussang*; par Alfred BOURGEOIS (n° 153); et enfin *Les Musées du soir* (n° 97); — *Les Images* pour l'école (n° 149); — *L'Art démocratique au temps jadis : les livres des pauvres*; par Eug. MUNTZ (n° 336).

qui n'a pas été remplacé encore l'idéal ou le rêve chrétien? Tout ne valait-il pas mieux cependant que ce silence, que ce peu de clarté d'aujourd'hui, où végètent en une morne attente sa pensée et son âme, qui ainsi ne reçoit plus d'illumination que des programmes ou discours de ses députés et de ses préfets, et que des nouvelles vraiment trop cabriolantes parfois, incohérentes ou folles, par lui gravement lues en ce grave organe, en ce pince-sans-rire qu'est le *Moniteur des Campagnes?*

La presse aurait certainement là comme ailleurs une mission très haute? Quand la remplira-t-elle?

Le problème de la vie, d'une vie un peu haute, à leur rendre, le problème du réveil, de la résurrection de nos provinces, comme paralysées ou engourdies de-

Le Crépuscule; estampe de Henri Rivière.

Verneau, edit . Paris

puis cent ans, est l'un de ceux que l'avenir aussi doit résoudre (1).

L'instituteur sans doute ici pourrait beaucoup, sinon tout, à défaut du prêtre dont on s'écarte. Mais l'instituteur, il se détourne un peu de sa vraie fonction ; elle était noble et il l'abaisse ; il tend à devenir un personnage politique, ce qui le déprécie ; nul ne devrait être plus indépendant, plus libre en sa conscience, ne fut-ce que pour enseigner à tous cette indépendance et cette liberté ; il tend de plus en plus à se faire

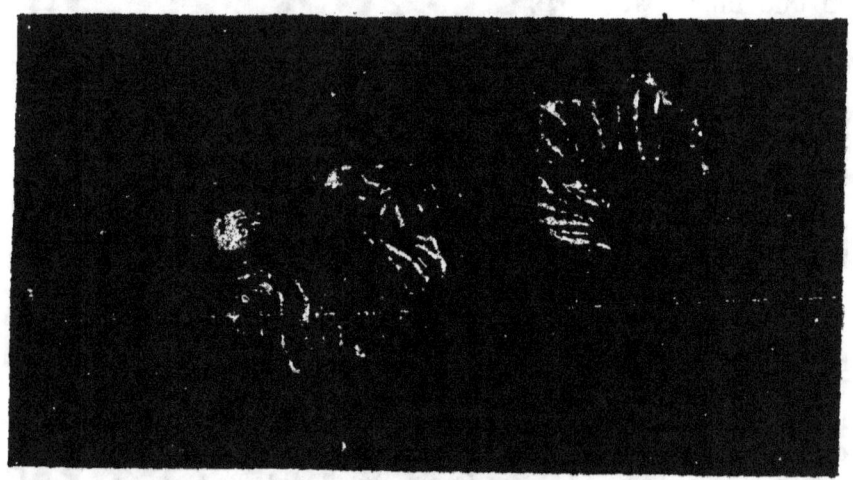

Papier peint de William Morris.

agent électoral, ce qui le mettra dans la domesticité de tous les ministères, de tous les régimes qui se suivent et ne se ressemblent pas. Et cependant nous n'avons plus guère à compter que sur lui et sur sa maison. De sa maison, de l'école, je voudrais faire un musée local, un musée rural. C'est elle, tout d'abord aussi, que j'aimerais à voir décorée. Certes il aurait fallu dans nos villages, comme maisons d'école, autre chose que les constructions pour la plupart faites à l'image de nos casernes,

_____

(1) A ce point de vue, j'ai le devoir de rendre une fois de plus hommage au *Touring-Club* et au *Club Alpin*, qui ont ramené du moins la vie matérielle sur nos vieilles routes départementales, délaissées depuis tant d'années, qui ont fait se rouvrir, se nettoyer et parer les vieilles auberges, les vieilles hôtelleries abandonnées, ont révélé aux touristes tant de régions fermées, oubliées ou inconnues. Oui, les cycles et les automobiles auront été très précieux, réveillant partout, ressuscitant un peu ce qui dormait ou se mourait.

autre chose que ces casernes scolaires, sans attrait, sans charme, où dès le premier âge est enfermé déjà le futur citoyen français. Nos architectes, qui les firent payer assez cher, auraient pu les édifier par tout le territoire un peu moins banales et uniformes, ainsi que nos gares de chemins de fer, et les mêmes, je crois, pour toutes les provinces de France, comme si la Bretagne et la Normandie ne différaient pas de la Provence, ni le pays Basque, l'Auvergne ou la Bourgogne, de la Picardie ou des Flandres.

Mais l'intérieur du moins pourrait en être quelque peu orné, et d'abord par des estampes, par des illustrations murales.

Ce ne serait pas assez : et à côté de planches scientifiques très importantes, comme celles, je suppose, figurant les animaux utiles et les animaux nuisibles à l'agriculture, dont la connaissance, appuyée de paroles sévères et de quelques châtiments administratifs ou autres, empêcherait peut-être la destruction des nids et de tant de bêtes utiles par cette petite bête ignorante et méchante qu'est trop souvent l'enfant, à côté de ces planches, je voudrais des photographies nombreuses, et quelques moulages, éclairant les murs incolores, transfigurant pour l'enfant le cachot de l'école. Ces photographies, ces moulages, reproduiraient des chefs-d'œuvre de la peinture, de la sculpture, de l'architecture, raconteraient un peu l'histoire de l'art, et la nôtre. Ce musée rural pourrait s'étendre, s'enrichir en tous sens, être à l'occasion aussi un musée d'histoire naturelle; je n'insiste pas. Je voudrais encore que chaque instituteur eût sa lanterne à projections et ses photographies sur verre, qu'il eût son cinématographe, et son phonographe, un jour peut-être qu'il eût même le théâtrophone; et je voudrais que les projections lumineuses, le cinématographe, le phonographe, et le théâtrophone aussi, servissent à l'enseignement, ne fussent pas aux mains de l'instituteur que des amusements vulgaires, encore moins grossiers et bas; enfin que dans chaque village les projections ou les auditions devinssent l'une des distractions du dimanche ou des veillées de la semaine.

Tout cela sans doute encore ne remplacerait pas l'idéal d'un temps où, selon le mot célèbre, « il y avait Dieu »; mais tout cela pourrait venir en aide à ces formateurs d'une éducation nouvelle, qui tend à recréer dans les esprits et les âmes un idéal non moins élevé que celui de jadis, et tout au moins peut-être une vision nouvelle, un sens nouveau du divin. A l'éducation, à l'instruction trop lentes, je le reconnais de notre démocratie, tant de décou-

vertes contemporaines peuvent si heureusement concourir ! (1)
Je désirerais que l'on ne sourît pas de certaines de ces idées ; mais,
je le répète, pour ce royaume ou pour cette république d'Utopie,
cette terre promise où je voudrais voir entrer toutes ces foules er-
rantes au désert (car aujourd'hui qu'entendent-elles et voient-
elles, de quelle manne sacrée se nourrissent-elles ?) n'est-il pas
permis d'espérer un peu de toutes ces découvertes perfection-
nées encore, photographie, cinématographe, phonographe et
théâtrophone, permettant de répartir sur tout le territoire ces
jouissances artistiques, et que je rêverais non pas médiocres
ni vulgaires, mais élevées et saines, jouissances aujourd'hui ré-
servées seulement aux grandes villes, à ces foyers de pensée et
d'art plus ou moins lumineux et purs.

Un jour viendra, il y faut compter, où l'émigration qui se
porte vers les villes se fera en un sens contraire, et où de ces
villes, gloires par certains côtés, mais aussi empoisonneuses et
destructrices des races, les humbles et les autres retourneront
vers les campagnes, où de nombreux déracinés y reprendront
racine pour le plus grand bien de leur santé, pour leur salut. Or,
si l'ennui souvent en a chassé ces émigrants, il faudra que cet
ennui, ils ne le retrouvent pas, quand ils reviendront au village,
ou qu'ils l'y retrouvent beaucoup moins. Ne voit-on pas dans les
créations nombreuses de bibliothèques populaires, et de conférences faites par l'instituteur ou par des volontaires, et dans la
presse, une presse nouvelle, moins salie de pornographies, et
dans ces communications plus ou moins fréquentes et directes
que j'indiquais avec les centres intellectuels et artistiques,
communications que l'électricité peut nous donner demain, ne
voit-on pas en tous ces modes d'éducation, et en bien d'autres
à chercher, à suggérer encore, l'espoir de stimulants, qui un
jour réveilleront ou tiendront en éveil nos provinces trop généralement aujourd'hui endormies et endormantes (2) ? Je crois

_____

(1) Les maisons Braun et Buloz fournissent pour 50 centimes des reproductions, la plupart excellentes, de quelques-uns des chefs-d'œuvre de la peinture.

(2) Et pourquoi chaque chef-lieu de canton, tout au moins n'aurait-il pas aussi
ses concerts populaires ? A propos de la décentralisation des plaisirs d'art, que
de récentes découvertes nous permettent, je crois, d'espérer, je signalerai celle
d'un instrument véritablement merveilleux, qui met un orchestre parfait à la
portée de tous ; c'est l'orgue américain, l'Œolian, qui mécaniquement déroule
avec une justesse de sons absolue toutes les musiques les plus nobles, sym-
phonies, ouvertures, translations d'opéras, mais à qui un vrai musicien, chef de
cet orchestre sans défaut, doit par le rythme qu'il dirige, la force du son dont il
est maître et par les registres dont il joue, donner le mouvement, l'expression, la
couleur. C'est un instrument automatique sans doute, mais auquel un musicien

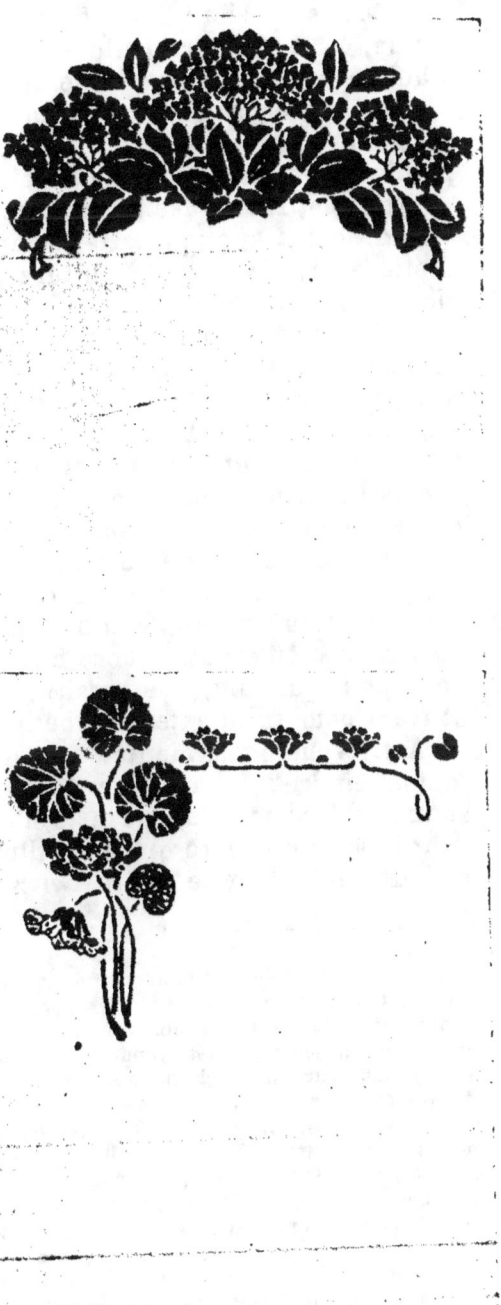

aussi qu'une religion ou une philosophie à venir contribuera à faire plus atachantet et vivante la vie pour beaucoup d'esprits trop morne, trop silencieuse des campagnes, en révélant et montrant tout ce qu'il y a de mystère, tout ce qu'il y a de prodige, tout ce qu'il y a d'humain, de divin peut-être, chez le moindre animal, et chez la moindre plante, en reconnaissant, affirmant selon le dogme aryen, la parenté qui unit tous les êtres, en donnant ou rendant un intérêt intense et passionnant, tel qu'aux temps védiques, à tout ce qui se meut, s'agite, souffre et jouit à l'entour de nous et comme nous. Nous verrons, nous regarderons d'un autre regard la nature, quand nous en connaîtrons ou sentirons mieux l'existence obscure et profonde, quand nous

apporte le sentiment, son âme, sa science musicale, le faisant ainsi presque aussi vivant et vibrant que le meilleur des orchestres.

Motifs décoratifs par George Auriol tirées de la série : *A travers bois, champs et prairies*), et dont le principe pourrait être appliqué à la création de décorations murales.

percevrons la vibration intime, je dirais musical, du moindre atome, de la moindre cellule ; et ces notions qui sont aujourd'hui la force, la joie de quelques-uns seulement, ces notions bientôt ne seront-elles pas générales, comme devinrent, après plusieurs siècles, communes à des millions d'âmes les hautes paroles, les consolations de la foi chrétienne?

Enfin le travail des champs ne semblera-t-il pas magnifique quand seront appliquées les sciences, les méthodes nouvelles, destinées à y faire toute culture intensive, toute culture plus riche et plus belle?

Oui, restaurer en nos campagnes une vie intellectuelle et morale un peu haute, comme elle y existait jadis, et alors héroïque parfois, est un des problèmes de la décentralisation, qu'il importe et qu'il est urgent de résoudre. Il ne suffit pas de faire accrocher en haut des cabarets enfumés une loi inepte et inutile contre l'ivresse; il faut donner autre chose au peuple que la seule distraction qu'il puisse prendre aujourd'hui et qu'on lui refuse et défend, celle qu'après tout lui donnent son petit vin rouge ou blanc, ou ses alcools empoisonneurs. Oui, il faut chercher pour le peuple autre chose qui les saura donc remplacer, et même autre chose encore que toutes ces saoûleries de la politique, qui, elle aussi, non moins que l'alcool, est trop souvent pour lui menteuse, abêtissante et ruineuse (1).

Arriverons-nous bientôt à ces buts que j'indique et qu'il faut atteindre? Je n'ai pas à ce sujet grande illusion; personne sur les hommes, et le reste, n'en a moins que moi, qui cependant ne compte guère que sur l'illusion, sur le rêve, pour vivre d'abord, puis pour se plaire à vivre. Mais il faut lutter toujours

---

(1) On parle toujours et justement de la maison ouvrière ; la maison du paysan (qu'une loi détestable, imposant les portes et fenêtres, l'oblige, puisqu'il est pauvre et économe à faire obscure comme son étable, sans air, enfumée, malsaine), la maison du paysan dont on ne parle pas, ne pourrait-on la rééditier aussi, mais saine, mais charmante elle-même, et dans la tradition de chacune de nos provinces? Cette Société que nous rêvons d'art populaire, et, si l'on veut, d'art rustique, pourrait offrir des modèles pour ces constructions à bon marché. Avec l'art, l'hygiène au village serait l'une de nos préoccupations, et ne sait-on pas l'intérêt grave que nous y avons tous? Ignore-t-on que chaque jour l'un des nôtres meurt de cette négligence par nous apportée à toutes ces questions? Souvent les diphtéries, les fièvres typhoïdes surtout, trop endémiques en nos campagnes, nous y saisissent au passage. Ignore-t-on que depuis des années Paris est empoisonné par de lointains villages, versant leurs germes pathogènes en ces sources qu'il croit pures, et qui sont souillées trop souvent ?

Quand comprendra-t-on et acceptera-t-on enfin le grand dogme moderne de la solidarité, qui nous unit tous, nous oblige à nous intéresser au bien de tous, et que vient démontrer encore ce très simple exemple ?

comme si l'on devait vaincre, lorsqu'il s'agit surtout d'une noble
et belle idée à défendre, lutter obstinément et quand même, à la
façon de ces magnifiques précepteurs d'énergie, les combattants
du Transvaal. Il est une parole hindoue que je me plais à ré-
péter et qui, vraiment sublime, peut servir de devise à ce genre
de soldats obstinés : « Pense à l'Ame suprême (au lieu de l'Ame
suprême, disons, si l'on veut, l'Idéal), et sans espoir, comme
sans souci de toi-même, combats et n'aie point de tristesse. »

C'est que du pessimisme et même absolu, c'est que d'un
mépris décidé à l'égard de la plupart des hommes et des choses,
on peut heureusement aboutir non à l'ataraxie, mais à l'action,
par le besoin, par la volonté nécessaires et logiques de chan-
ger tout ce qui est mauvais ou qui est laid et misérable, puisque avec de la persévérance et de l'effort on le peut transmuter
en quelque chose de bon ou de beau, ou de moins médiocre ou
moins pire.

Il faut donc labourer et semer d'abord. Si la moisson doit
être bonne ou mauvaise, si le champ sera stérile ou non, on
le verra plus tard. Mais d'avance l'on doit s'attendre et s'habituer
à la marche très lente du progrès, à son pas plus boiteux
encore que n'est celui de la Justice, si tristement et de plus en
plus boiteuse cependant.

Je conclus : une Société est à constituer de l'*Art pour le
peuple* ou de l'*Art populaire ;* le titre est à chercher et choisir.

Cette Société se devra mettre en relations avec celles qui pour
le même objet se créent ou se créeront à l'étranger. Il y a là
un mouvement international à aider ou à provoquer.

Cette Société concentrera et étudiera toutes les questions
intéressant l'art populaire ou l'art pour le peuple.

Elle aurait donc en ses attributions les questions des maisons
ouvrières, des logements ouvriers, et de l'art qui leur doit être
appliqué, comme à toute habitation ou institution, à tout édifice
destinés aux besoins ou aux plaisirs du peuple.

Cette Société ouvrirait ou ferait ouvrir des *magasins artistiques populaires*. Pour cela elle ferait appel à tous les artistes
qui auraient le goût, le sens de la décoration simple et sobre, et
bien conforme à sa destination, et demeurant le plus possible
dans la tradition nationale. Il s'agirait ainsi de décorer et de
meubler la maison, le logement de l'ouvrier, de l'artisan ou de
l'employé modeste, le restaurant populaire, les maisons du
peuple, et les bibliothèques, et les instituts populaires, et les
hôpitaux, et les mairies, et les petites ou les grandes gares

de chemins de fer; je m'arrête en cette énumération qui peut être étendue.

La Société fournirait à la fabrique et à tous des modèles, qui renouvelleraient dans un style simple et probe et très pur le mobilier imposé aujourd'hui par les fabricants et marchands de camelote, et dont le mauvais goût est entretenu souvent, il le faut reconnaître, par le besoin habituel à nos provinces de tout vouloir et rechercher « à l'instar de Paris ».

En vue de créer cet art nouveau pour le peuple, la Société établirait d'abord des collections et des sélections de modèles, dont beaucoup sans doute seraient empruntées à la vie rustique ou bourgeoise du passé, quelques-uns aux pays étrangers, où l'art populaire est encore ou est redevenu en faveur.

La Société, dans cette intention, encouragerait la formation en chaque capitale de nos anciennes provinces de musées provinciaux, comme ceux d'Arles et de Quimper, où l'on recueillerait tous les débris, toutes les épaves, tout ce qui nous est resté des arts locaux d'autrefois, des arts particuliers à chaque province, et ces musées pourraient, nous l'espérons, éveiller ou réveiller la vie d'industries artistiques locales.

Cette Société aurait aussi dans ses attributions la formation d'une imagerie nouvelle populaire, et l'ouverture de comptoirs à bon marché pour la vente de reproductions de tous genres, par la photographie, la gravure, le moulage, le cinématographe et le phonographe. Elle encouragerait la presse et la librairie illustrées, mais en vue d'une saine éducation générale.

Elle encouragerait enfin tout ce qui pourrait servir à l'éducation artistique du peuple : ainsi les conférences, les cours du soir sur l'art et son histoire, ainsi les caravanes ou voyages scolaires, la création de petits musées scolaires ou ruraux, l'ouverture de concerts, auditions, théâtres populaires, etc.

Elle veillerait à *l'art dans la rue*, comprenant pour la formation du goût l'importance des suggestions qui continuellement nous viennent des spectacles donnés par elle; elle veillerait aussi pour les mêmes raisons au patrimoine de beauté ou de charme à nous légué avec nos paysages de France.

JEAN LAHOR.

Dans la *Revue Universelle*, où cette étude, mais écourtée, a paru d'abord en article, je vois signalée l'apparition d'une revue d'art, le *Mouvement esthétique* (éducation d'art, décentralisation d'art), destinée à répandre dans le peuple le goût de la beauté, et dont le directeur est M. Georges Godin. Je lis cette note aussi dans la même *Revue* :

Dans un banquet qui a eu lieu à Paris le 10 décembre 1901 sous la présidence de M. Bayet, pour fêter le deuxième anniversaire de la fondation de la Société des beaux-arts, on s'est occupé des meilleurs moyens à employer pour mettre les jouissances de l'art à la portée des foules, pour ouvrir l'esprit des enfants, dans les écoles primaires, au sens des belles formes. La Société populaire des beaux-arts, qui s'est proposée d'étendre aux catégories sociales les plus humbles, l'enseignement et la compréhension des choses d'art, n'est pas riche. C'est ce qu'a fait remarquer son président M. Benoît-Lévy. Bien qu'elle compte 10 000 adhérents, elle est bien gênée pour boucler son budget, car elle s'est imposée des charges lourdes en envoyant gratuitement non seulement des gravures de maîtres aux sociétaires, mais encore aux instituteurs qui en font la demande, tous les clichés nécessaires pour vivifier leurs conférences artistiques. Or, elle ne reçoit de l'État qu'une allocation de 200 francs. M. Maurice Faure, vice-président de la Chambre, qui assistait au banquet, a pris la parole après M. Benoît-Lévy. Dans un langage d'une vibrante éloquence, il a fait ressortir le rôle bienfaisant que joue l'art dans une démocratie; il a solennellement affirmé que ces bienfaits seraient pris en considération par la Chambre et qu'au vote du budget de l'Instruction publique la Société populaire des beaux-arts ne serait pas oubliée.

Il ne reste plus qu'à réunir, à grouper ces pensées, ces bonnes volontés éparses, et tendant toutes vers le même but, que je viens d'indiquer.

Paris. — Imprimerie LAROUSSE, rue Montparnasse, 17.

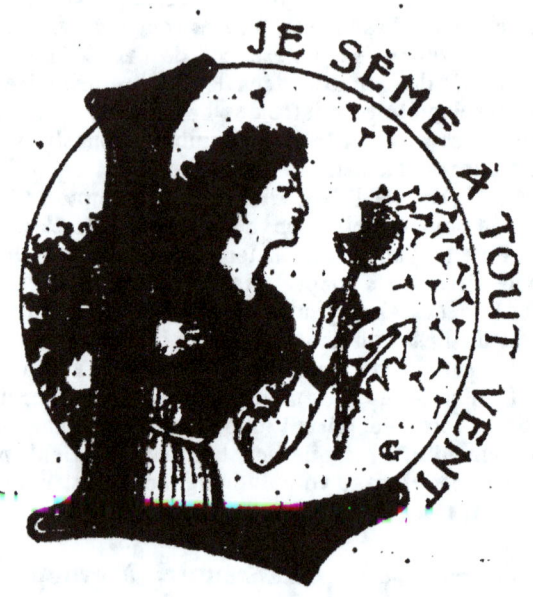

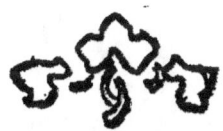